# When I Am Gloomy
# Quand je suis tristounette

Sam Sagolski
Illustrated by Daria Smyslova

www.kidkiddos.com
Copyright ©2025 by KidKiddos Books Ltd.
support@kidkiddos.com

All rights reserved. No part of this book may be reproduced in any form or by any electronic or mechanical means, including information storage and retrieval systems, without written permission from the publisher, except in the case of a reviewer, who may quote brief passages embodied in critical articles or in a review.
First edition, 2025

Translated from English by Sophie Troff
Traduit de l'anglais par Sophie Troff

**Library and Archives Canada Cataloguing in Publication**
When I Am Gloomy (English French Bilingual edition)/Shelley Admont
ISBN: 978-1-83416-675-9 paperback
ISBN: 978-1-83416-676-6 hardcover
ISBN: 978-1-83416-674-2 eBook

Please note that the English and French versions of the story have been written to be as close as possible. However, in some cases they differ in order to accommodate nuances and fluidity of each language.

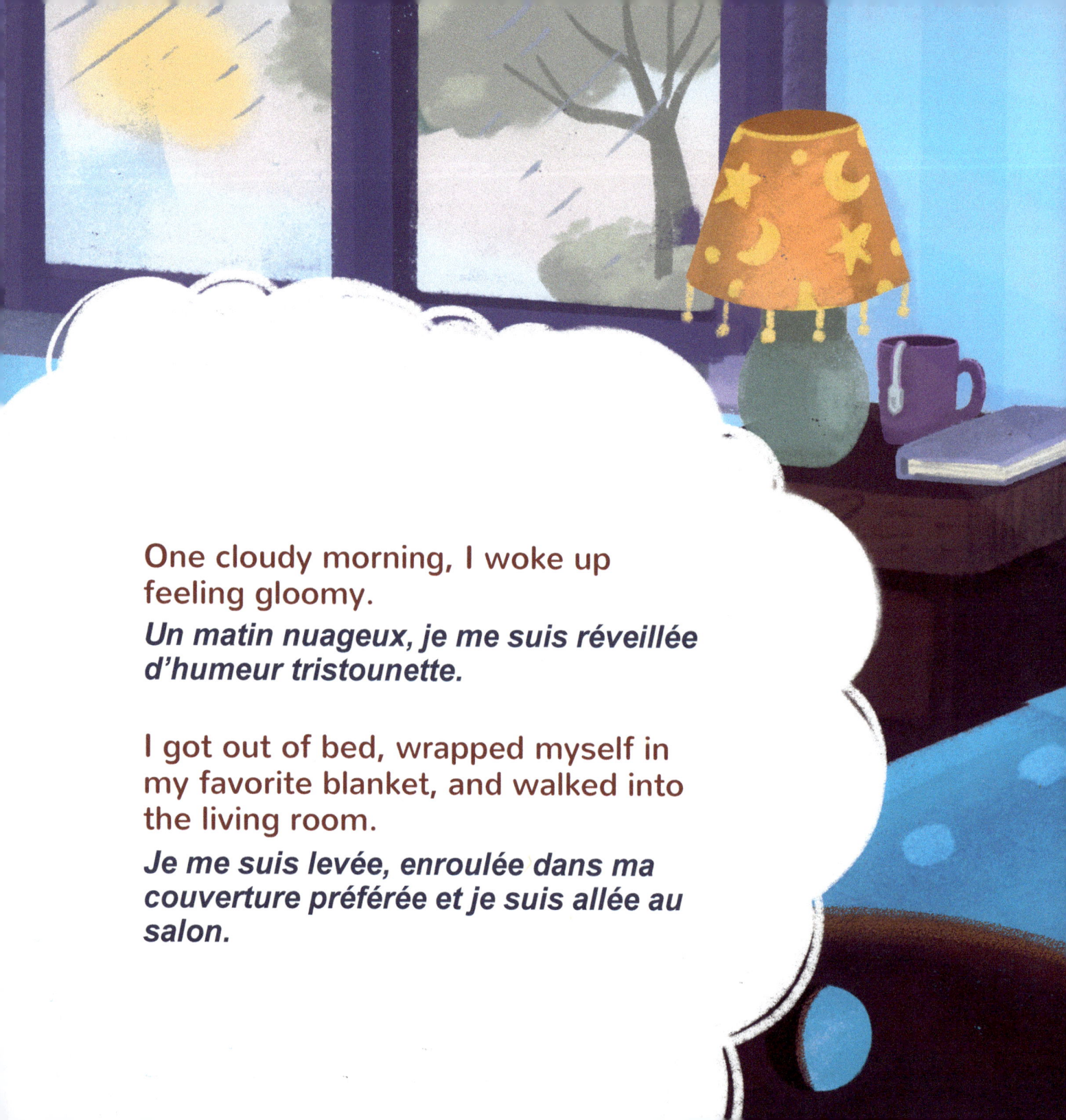

One cloudy morning, I woke up feeling gloomy.

*Un matin nuageux, je me suis réveillée d'humeur tristounette.*

I got out of bed, wrapped myself in my favorite blanket, and walked into the living room.

*Je me suis levée, enroulée dans ma couverture préférée et je suis allée au salon.*

"Mommy!" I called. "I'm in a bad mood."
– *Maman ! ai-je appelé. Je suis de mauvaise humeur.*

Mom looked up from her book. "Bad? Why do you say that, darling?" she asked.
*Maman a levé les yeux de son livre.*
*– De mauvaise humeur ? Pourquoi tu dis ça, ma chérie ?*

"Look at my face!" I said, pointing to my furrowed brows. Mom smiled gently.
*– Regarde mon visage ! ai-je dit en montrant mes sourcils tout froncés. Maman a souri gentiment.*

"I don't have a happy face today," I mumbled. "Do you still love me when I'm gloomy?"
*– Je n'ai pas l'air heureuse aujourd'hui, ai-je marmonné. Tu m'aimes quand même si je suis tristounette ?*

"Of course I do," Mom said. "When you're gloomy, I want to be close to you, give you a big hug, and cheer you up."

– *Bien sûr, a répondu Maman. Quand tu es tristounette, j'ai envie d'être près de toi, de te faire un gros câlin et de te redonner le sourire.*

That made me feel a little better, but only for a second, because then I started thinking about all my other moods.

*Je me suis sentie un peu mieux, mais juste une seconde, parce qu'ensuite j'ai commencé à penser à toutes mes autres humeurs.*

"So... do you still love me when I'm angry?"
– *Donc... tu m'aimes aussi quand je suis en colère ?*

Mom smiled again. "Of course I do!"
*Maman a souri.*
– *Bien sûr que oui !*

"Are you sure?" I asked, crossing my arms.
– *Tu es sûre ? ai-je demandé en croisant les bras.*

"Even when you're mad, I'm still your mom. And I love you just the same."

– *Même quand tu es fâchée, je reste ta maman. Et je t'aime toujours autant.*

I took a big breath. "What about when I'm shy?" I whispered.

*J'ai pris une grande inspiration.*
*– Et quand je suis timide ? ai-je chuchoté.*

"I love you when you're shy too," she said. "Remember when you hid behind me and didn't want to talk to the new neighbor?"

*– Je t'aime aussi quand tu es timide, a-t-elle répondu. Tu te souviens quand tu te cachais derrière moi et ne voulais pas parler au nouveau voisin ?*

I nodded. I remembered it well.

*J'ai fait oui de la tête. Je m'en souvenais très bien.*

"And then you said hello and made a new friend. I was so proud of you."

– *Puis tu as dit bonjour et tu t'es fait un nouvel ami. J'étais très fière de toi.*

"Do you still love me when I ask too many questions?" I continued.

– *Est-ce que tu m'aimes aussi quand je pose trop de questions ? ai-je continué.*

"When you ask a lot of questions, like now, I get to watch you learn new things that make you smarter and stronger every day," Mom answered. "And yes, I still love you."

– *Quand tu poses plein de questions, comme maintenant, je te vois découvrir des choses nouvelles qui te rendent plus intelligente et plus forte chaque jour, a répondu maman. Alors oui, je t'aime toujours.*

"What if I don't feel like talking at all?" I continued asking.
– *Et si je n'ai pas du tout envie de parler, ai-je encore demandé.*

"Come here," she said. I climbed into her lap and rested my head on her shoulder.
– *Viens ici, a-t-elle dit.*
*J'ai grimpé sur ses genoux et j'ai posé la tête sur son épaule.*

"When you don't feel like talking and just want to be quiet, you start using your imagination. I love seeing what you create," Mom answered.

– *Quand tu n'as pas envie de parler et que tu préfères le silence, tu te mets à utiliser ton imagination. J'adore voir ta créativité, a répondu maman.*

Then she whispered in my ear, "I love you when you're quiet too."

*Puis elle m'a murmuré à l'oreille :*
*– Je t'aime aussi quand tu es silencieuse.*

"But do you still love me when I'm afraid?" I asked.
– *Mais, tu m'aimes aussi quand j'ai peur ? ai-je demandé.*

"Always," said Mom. "When you're scared, I help you check that there are no monsters under the bed or in the closet."
– *Toujours, a dit maman. Quand tu es effrayée, je t'aide à vérifier qu'il n'y a pas de monstres sous ton lit ou dans le placard.*

She kissed me on the forehead. "You are so brave, my sweetheart."
*Elle m'a embrassée sur le front.*
*– Tu es très courageuse, mon cœur.*

"And when you're tired," she added softly, "I cover you with your blanket, bring you your teddy bear, and sing you our special song."

– *Et quand tu es fatiguée, a-t-elle ajouté doucement, je te borde sous ta couverture, je t'apporte ton nounours et je te chante notre chanson à nous.*

"What if I have too much energy?" I asked, jumping to my feet.

– *Et si j'ai trop d'énergie ? ai-je demandé en me levant d'un bond.*

She laughed. "When you're full of energy, we go biking, skip rope, or run around outside together. I love doing all those things with you!"

*Elle a ri.*

*– Quand tu débordes d'énergie, on fait du vélo, on saute à la corde ou on va courir ensemble. J'adore faire toutes ces activités avec toi !*

"But do you love me when I don't want to eat broccoli?" I stuck out my tongue.

– *Mais est-ce que tu m'aimes quand je ne veux pas manger de brocoli ? ai-je dit en tirant la langue.*

Mom chuckled. "Like that time you slipped your broccoli to Max? He liked it a lot."

*Maman a gloussé.*
*– Comme la fois où tu as donné ton brocoli à Max ? Il a beaucoup aimé.*

"You saw that?" I asked.
– *Tu m'as vu ? ai-je demandé.*

"Of course I did. And I still love you, even then."
– *Bien sûr. Et je t'aime même dans ces moments-là.*

I thought for a moment, then asked one last question:
*J'ai réfléchi un moment, puis j'ai posé une dernière question :*

"Mommy, if you love me when I'm gloomy or mad… do you still love me when I'm happy?"
*– Maman, si tu m'aimes quand je suis tristounette ou en colère… est-ce que tu m'aimes aussi quand je suis heureuse ?*

"Oh, sweetheart," she said, hugging me again, "when you're happy, I'm happy too."
*– Oh, mon cœur, a-t-elle dit en me serrant à nouveau dans ses bras. Quand tu es heureuse, je suis heureuse aussi.*

She kissed me on the forehead and added, "I love you when you're happy just as much as I love you when you're sad, or mad, or shy, or tired."
*Elle m'a embrassée sur le front et a ajouté :*
*– Je t'aime quand tu es heureuse, tout autant que lorsque tu es triste, en colère, timide ou fatiguée.*

I snuggled close and smiled. "So... you love me all the time?" I asked.

*Je me suis blottie contre elle et j'ai souri.*
*– Alors... tu m'aimes tout le temps ? ai-je demandé.*

"All the time," she said. "Every mood, every day, I love you always."

*– Tout le temps, a-t-elle répondu. Toutes tes humeurs, tous les jours, je t'aime toujours.*

As she spoke, I started feeling something warm in my heart.
*Alors qu'elle parlait, j'ai senti quelque chose me réchauffer le cœur.*

I looked outside and saw the clouds floating away. The sky was turning blue, and the sun came out.
*J'ai regardé dehors et j'ai vu les nuages s'en aller. Le ciel est devenu bleu et le soleil est apparu.*

It looked like it was going to be a beautiful day after all.
*Visiblement, ça allait être une belle journée, après tout.*

www.ingramcontent.com/pod-product-compliance
Lightning Source LLC
LaVergne TN
LVHW070123080526
838200LV00086B/302